AF287751

Alfons Schweiggert

Schöne Bescherung allerseits!

Alfons Schweiggert

Schöne Bescherung allerseits!

Humorvoll-Satirisches zur schönsten Zeit des Jahres

BAYERLAND

*In der Verlagsanstalt »Bayerland« hat Alfons Schweiggert
drei weitere Bücher zur Adventszeit herausgegeben:*

Auf dem Christkindlmarkt

Geschichten und Gedichte aus Bayern
Zahlreiche Farbabbildungen
132 Seiten, Format 23 x 22 cm
ISBN 978-3-89251-359-9

Heut kommt der Nikolaus!

Geschichten und Gedichte von Sankt Kathrein
bis Nikolaus
Illustrationen von Egbert Greven
128 Seiten, Format 14 x 21 cm
ISBN 978-3-89251-338-4

Das Christkind im Winterwald

Weihnachtsmärchen aus Bayern
Illustrationen von Renate Holzner
128 Seiten, Format 14 x 21 cm
ISBN 978-3-89251-383-4

Unser gesamtes lieferbares Programm und Informationen
über die Neuerscheinungen finden Sie unter www.bayerland.de

Verlag und Gesamtherstellung:
Druckerei und Verlagsanstalt »Bayerland« GmbH
85221 Dachau, Konrad-Adenauer-Straße 19

Umschlagmotiv: Egbert Greven

© Druckerei und Verlagsanstalt »Bayerland« GmbH
85221 Dachau, 2006, 4. Auflage 2017

Printed in Germany
ISBN 978-3-89251-373-5

Inhalt

Weihnachten – ein Fest der Freude.
Leider wird dabei zu wenig gelacht.

Jean-Paul Sartre (1905–1980),
frz. Philosoph u. Schriftsteller

Weihnachten beginnt im Herbst

Für Künstler ist der Frühling ein Aquarell, der Sommer ein Ölgemälde und der Winter eine Radierung. Der Herbst aber ist ein Mosaik aus allen dreien. Die Bäume und Sträucher feiern im kleinen Kreis goldene Hochzeit. Wenn Heinrich Heine recht hat, dass der deutsche Sommer immer wieder einmal nur ein grün angestrichener Winter ist, dann ist der deutsche Herbst jene Phase, in der die grüne Farbe abblättert. Aber alles ist relativ. Für die Pilze ist der Herbst der Frühling und ebenso für die Blätter, die jetzt in allen Farben blühen. Sie erinnern an manche grell bemalten älteren Damen, die das Verwelken ebenso farbenprächtig zu vertuschen verstehen wie der Herbst. Eine der rührendsten Eigenschaften von Mutter Natur ist die Art, wie sie nun rot wird, bevor sie sich entkleidet. Hie und da zeigt das Laub jedoch auch ein braunes Outfit, so, als hätte es gerade eine 24er-Karte lang auf der Grillpritsche eines Solariums verbracht. Doch manche Blätter sind auch derart gelb, dass sie aussehen, als hätten sie sich ein schwere chronische Hepatitis B mit einer Sonderausschüttung Karotin eingefangen. Hängt schließlich nur noch ein einziges Blatt am Baum, so sieht es aus, als habe er ein Preisetikett mit Sonderrabatt umhängen. Und meist wird ein derartiger Nachzügler so rasch welk wie ein Blatt, das mit Ergebnissen von Meinungsumfragen bedruckt ist.

Nun toben auch wieder die Herbststürme, wie man die cholerische Luft nennt, die es eilig hat, den Leuten unaufgefordert verschiedenartige Erkältungskrankheiten zuzustellen, für die es keine Annahmeverweigerung gibt. Und schon beginnt der Spätherbst und Dauerreif liegt auf dem Rasen, obwohl nichts mehr reif ist, und die Autofahrer rasen wieder zu Hunderten mit Hundert in Nebellöcher, wo sie auf Gleichgesinnte treffen. Die polnischen Enten freuen sich dagegen im Spätherbst, weil sie Weihnachten endlich im Westen sind. Jetzt sieht man auch wieder einmal den Nachbarn, der den Rasenmäher zurückbringt, um sich die Schneeschaufel auszuleihen.

Und was tun in dieser Situation die Tage? Sie verhalten sich typisch männlich. Sie sind auf einmal so müde, dass sie sich früher gehen lassen und kaum mehr kommen wollen. Ganz ähnlich und doch anders verhalten sich die Playboys. Sie bereiten sich im Herbst darauf vor, sich im Winter davon zu erholen, dass sie im Sommer nicht gearbeitet haben, um dann im Frühling fürs Nichtstun wieder fit zu sein. Der Spätherbst lässt auch an die späte Liebe eines Mannes denken. Sie ist wie eine Herbstzeitlose: schön, aber giftig.

Übrigens: Weihnachten beginnt im Herbst, weil der Nikolaus, der ja zum Advent gehört, der wiederum zu Weihnachten gehört, am 6. Dezember kommt, der Winter aber erst am 21. Dezember beginnt, weshalb der Nikolaus also im Herbst erscheint, was wiederum bedeutet, dass Weihnachten, wenn man den Advent zu Weihnachten rechnet, schon im Herbst beginnt, weswegen die Geschäfte zu Recht schon im Herbst weihnachtlich geschmückt sein dürfen.

Kaum haben wir es nun hinter uns gebracht, die Schönheit der herbstlichen Natur zusammenzurechen, müssen wir schon wieder anfangen, die Pracht des Winters wegzuschaufeln. Der Winter ist eben keine Jahreszeit, sondern eine Aufgabe, bei deren Erledigung manche aufgeben möchten, weil sie rasch erledigt sind. Aber dann sollte man schicksalergeben daran denken: Gegen die Obrigkeit und gegen den Winter kommt keiner an.

Jetzt beginnt die Zeit, in der die Fenster in der Straßenbahn nicht zugehen, die den ganzen Sommer über nicht aufgegangen sind. Da haben es die Autofahrer schon besser. Wenn bei ihren Wägen die Fenster schon zugefroren sind, dann springt wenigstens auch der Motor nicht an, so dass sie notgedrungen in den Genuss einer Fahrt in einer überfüllten Straßenbahn kommen. Zu den wichtigsten Utensilien im Winter zählt bekanntlich der Eiskratzer, jenes Autozubehör, das im Sommer stets aus dem Handschuhfach fällt, im Winter dauernd unter den Sitz rutscht und nicht zu finden ist und schließlich beim ersten Gebrauch »abkratzt«, daher der Name Eiskratzer.

Wurde es im Herbst viel früher spät, so wird es im Winter viel später früh. Die Bäume tragen jetzt wieder Holz pur und die Menschen es ins Haus zum Ofen. Dort sitzen sie dann am wärmenden Feuer, wenn auch nur die wenigsten von ihnen Maurer sind, die bekanntlich im Winter nicht auf dem Bau arbeiten, weil bei Frost ja die Bierflaschen platzen würden.

Manche Leute beginnen im Winter zu fasten, weil sie sich bewusst sind, dass da die Tage kürzer sind und sie wundern sich im Frühjahr, wenn sie dennoch zugenommen haben. Sie haben einfach vergessen, darauf zu achten, dass im Winter die Nächte länger sind und die vielen Feste, mit denen die Nächte gefüllt werden, einen fester machen. So gesehen ist der Winter auch nicht mehr das, was er noch nie gewesen ist. Die Frauen erkennen das vor allem an den Männern, die ständig unverfrorener werden.

Der Winter ist der Frühling des Geisteslebens, sagte einmal ein Weiser, vorausgesetzt, dass der Geist im Sommer nicht gänzlich ausgetrocknet ist. Jetzt hat man Zeit, Bücher zu lesen, Gespräche zu führen, nachzudenken. Wer das tut, für dessen Seele ist der Frühling angebrochen. Die Erinnerung ist ebenfalls eine Möglichkeit, auch im Winter Rosen zu pflücken. Und manchmal erkennt man überhaupt erst im tiefsten Winter, dass im Innersten ein unbesiegbarer Sommer herrscht.

Bei Beerdigungen im Winter kann man am offenen Grab häufig eine seltsame Beobachtung machen. Wenn der Sarg hinabgesenkt wird, ertönt unerwartet ein zartes Zwitschern von den vereisten Zweigen eines nebenstehenden Baumes. Gerührt flüstern sich dann die Angehörigen zu: »Hast du gehört? Soeben hat ein kleiner Vogel gesungen.« War dies ein Zeichen der Hoffnung, ein poetischer Zufall im Winter? – Nein, die Wahrheit ist wie so häufig um etliches prosaischer. Wenn die Tiere im Winter Hunger leiden, ist ein frisch ausgehobenes Erdloch gerade für die insektenfressenden Vögel eine willkommene Futtergrube. Sobald nun zum Beispiel ein Rotkehlchen ein offenes Grab entdeckt, singt es lauthals, um seinen Artgenossen den Fundort bekannt zu geben. Es verhält sich also so wie die Ameri-

kaner auf der Oktoberfestwiese in den Bier-
zelten.

So nah liegen Poesie und Prosa, Leben und Tod,
Frühling und Winter beieinander, auch für
Schneemänner, allerdings erst gegen Ende des
Winters. Da mag dann so mancher Schneemann
Mitte März denken: »Komisch, immer wenn die
Sonne scheint, läuft es mir eiskalt den Rücken
hinunter.« Und bei diesen Gedanken zerfließt er
rettungslos, von der Sonne angestrahlt, so wie
mancher Mann, den das charmante Lächeln einer
Frau schmelzen lässt, bis er, zur Pfütze gewor-
den, von ihr aufgewischt und schließlich in den
Hafen der Ehe ausgewrungen wird. Aber das ist
ein anderes Thema.

Heute kommt der Nikolaus!

»Unser Papa«, haben die Kinder gerufen, wie der Nikolaus gefragt hat: »Na, und wer von eich hat im letzten Jahr immer oiss brav gmacht, was d' Mama verlangt hot?«

»Wunder dich nicht«, sagt der Fredi zu seiner Schwester, »wenn du eines Nachts in einem dunklen braunen Sack aufwachst. Dann hat der Nikolaus endlich meinen Wunschzettel bekommen!«

»Ein aufrichtiger Politiker, ein freundlicher Anwalt und der Nikolaus entdecken auf dem Bahnsteig einen Zwanzigeuroschein. Wer wird den Schein aufheben?« so lautete das Weihnachtsrätsel einer Tageszeitung. – Antwort: »Natürlich der Nikolaus. Die anderen beiden existieren nämlich überhaupt nicht.«

Herr Gruber wird am 6. Dezember zum Chef gerufen: »Ich möchte mich ganz herzlich für Ihre Mitarbeit im letzten Jahr bedanken. Sie waren ehrlich, zuverlässig, fleißig und ...« Da unterbricht ihn Gruber: »Aha, es gibt wohl kein Weihnachtsgeld ...?« – »... und intelligent«, ergänzt der Chef seine Lobrede.

Nikolausige Zeiten

Wie jeder weiß, leben wir in ziemlich lausigen Zeiten, wo jeder danach Ausschau hält, von wem, wie und wo er Hilfe erfahren kann. Nur die wenigsten denken daran, dass es längst einen wirklich starken Mann gibt, der uns diesen ersehnten Beistand nicht versagen will. Bedauerlicherweise kennt aber kaum einer diese Persönlichkeit. Selbst ein Großteil der wallfahrtgeübten und in Heiligenverehrung bestens geschulten katholischen Bayern hat hier noch eine religiöse Bildungslücke zu schließen. Der starke Mann, von dem die Rede ist, ist kein Geringerer als Nikolaus, natürlich der Heilige, einer der vielseitigsten Nothelfer unseres christlichen Abendlandes überhaupt. Er hilft sozusagen bei allen Sorgen und Nöten, man braucht ihn nur so lange um Hilfe anzugehen – man nennt das übrigens beten – bis ihm unser ständiges Bohren derart lästig wird, dass er die Bitten schließlich entnervt erfüllt. Seine enormen Helferqualifikationen lassen sich von etlichen wundersamen Geschehnissen ableiten, die in zahlreichen Legenden nachzulesen sind.

So erzählt eine – zugegeben schauerliche – Legende, dass einst drei fahrende Studenten einen Metzger um ein Nachtquartier baten. Der Mann gab ihnen Unterkunft, aber als sie schliefen, brachte er sie um, nahm ihre wenigen Habseligkeiten an sich und pökelte die Leichen in einem Fass ein. Als kurz darauf Bischof Nikolaus bei ihm vorbeikam, erweckte er die Toten wieder zum Leben. Diese Story machte den Heiligen zum Fürsprecher für Schüler und Reisende, andererseits aber auch für Gauner, Diebe und Räuber. Was liegt demnach näher, als Nikolaus in den gegenwärtigen PISA-Nöten anzurufen anstatt Schulqualitätsagenturen zu installieren. Auch bei den vermehrt angebotenen Urlaubsbilligflügen soll sich Sankt Nikolaus flugsicherungstechnisch schon mehrfach bestens bewährt haben. Auf alle Fälle täte der Finanzminister gut daran, endlich Zuflucht zu diesem Heiligen zu nehmen, um seinen ohnehin schon zweifelhaften Ruf nicht durch ständige neue Übergriffe in die Taschen der Bürger weiter zu schädigen.

Als seinerzeit in Myra eine große Hungersnot herrschte, legten im Hafen zwei mit Korn beladene Schiffe an, deren Ladung für Konstantinopel bestimmt war. Sankt Nikolaus versuchte den Kapitän zu überreden, der hungernden Bevölkerung einen Teil des Getreides zu spenden. Der Kapitän weigerte sich zunächst, indem er erklärte, das Korn sei genau abgewogen. Aber Nikolaus versprach ihm, dass die Entnahme der paar Körner schon keiner bemerken würde.

Schließlich ließ sich der Kapitän überreden und als er nach Konstantinopel kam, fehlte ihm von der Ladung tatsächlich kein einziges Gramm. Dieses Ereignis machte Nikolaus zum Schutzheiligen der Getreidehändler, Müller, Bäcker, der Kaufleute, Schnapsbrenner und der Hungrigen und Armen. Wenn alle diese Menschen sich endlich entschließen könnten, zu Nikolaus ihre Zuflucht zu nehmen, würden sie künftig alle Steuererhöhungen lächelnd wegstecken, fehlte doch beim Blick auf die Kontoauszüge kein einziger Cent.

Auch Schiffer, die in Seenot waren und Nikolaus um Hilfe anflehten, errettete er umgehend aus ihrer Bedrängnis. Und so wurde er ebenso der Patron aller zu Wasser Fahrenden und für all jene, denen das Wasser bis zum Halse steht – und wer fühlt sich heutzutage nicht dieser Schicht zugehörig?

In der wohl bekanntesten Legende wird von drei Mädchen berichtet, die von ihrem Vater nicht standesgemäß verheiratet werden konnten, weshalb er auf die moderne Idee kam, sie zum Geldverdienen auf die Straße zu schicken. Aber Sankt Nikolaus verhinderte dies, indem er in drei Nächten jeweils einen Geldbeutel ins Schlafzimmer der drei Grazien warf und auf diese Weise die Hochzeiten angemessen mitfinanzierte. Höchstwahrscheinlich beruht der heute am

Nikolausabend noch gepflegte Brauch, kleine Geschenke in Stiefel oder Strümpfe zu legen, auf dieser hübschen Geschichte. Außerdem gilt der Bischof seither als Patron der Jungfrauen und der heiratswilligen Mädchen. Und ist es in unserer Zeit nicht dringend nötig, dass wieder mehr geheiratet wird, hat man doch erkannt, dass insbesondere eine funktionierende Zweierbeziehung die Basis für eine intakte Familie ist? Außerdem verkündet seit kurzem jeder Politiker, dass wir schnellstens wieder mehr Kinder benötigen, um künftig die Renten finanzieren zu können. Auch dabei hilft Nikolaus, der bereits am ersten Tag nach der Geburt in der Wanne stehen konnte – somit ausbildungsreif war – und schon als Säugling mittwochs und freitags fastete – weshalb die Eltern auch kein Kindergeld benötigten, was ihn umgehend zum Patron der Sozialhilfeempfänger, Kleinkinder, der Gebärenden und zudem der kinderlosen Ehepaare werden ließ.

Bekannt ist ebenso die Legende um das so genannte Feldherrenwunder. Danach wurden in Rom drei römische Feldherren verleumdet und unschuldig zum Tode verurteilt. Nikolaus erschien in der Nacht sowohl dem Kaiser als auch dem Verleumder im Traum und rettete den drei Todeskandidaten das Leben. Deshalb können ihn noch heute unschuldig Verurteilte als Schutzheiligen anrufen. Das wissen leider viele Rentner nicht, denen es nach den Rentenkürzungen buchstäblich an den Kragen geht.

Auch einem Juden, der von einem Christen betrogen wurde, half der heilige Bischof. Der Christ schwor den Meineid, von dem Juden nie einen Kredit erhalten zu haben. Nikolaus brachte das in Ordnung und wurde dadurch zum Patron der Pfandleiher, Banker, der Schwörenden, der Politiker, der Rechtsanwälte, Richter und Notare. Warum sich diese Berufsgruppen noch immer nicht an den Heiligen wenden, ist unbegreiflich, würden sich doch schlagartig alle falschen (Zins-)Versprechungen, Rechtsverdrehungen, Fehlurteile und wuchernden Honorarforderungen in Wohlgefallen auflösen.

Eine Legende berichtet davon, dass das Grab des Bischofs eine wunderwirkende Flüssigkeit ausschied und dies soll sogar noch heute so sein. Das führte dazu, dass auch Apotheker, Bierbrauer, Wirte, Weinhändler und Parfümhersteller den Bischof als ihren Schutzherrn verehren. Ob allerdings eine Anrufung des Heiligen künftig die ständige Erhöhung der Arzneimittel- und Oktoberfestbier-Preise verhindern würde, sei dahingestellt.

Es gibt noch viele andere wunderbare Begebenheiten, in denen Nikolaus eine rühmliche Rolle spielte und so wurde er auch zum Patron der Steinmetze, der Weber, der Tuchhändler, der

Knopfmacher, der Kerzenzieher, ja sogar der Feuerwehrleute. Und brennen tut uns allen doch so allerhand auf den Nägeln, so dass man in unseren nikolausigen Zeiten nur flehen kann:

»O heiliger Bischof Nikolaus,
schau auf das Chaos hier im Land!
Wir wissen nicht mehr ein noch aus,
reich du uns deine Hand.
Gib den Politikern Verstand.
Bewahr uns vor enormen
Steuererhöhungen im Land.
Verschon uns vor Reformen.
Davon gibt es zu viele schon,
doch helfen die nicht weiter,
so mach uns alle, wenn du kannst,
im nächsten Jahr gescheiter.
Amen.«

Solche Stoßgebete kann man allerorts himmelwärts senden. Es wäre aber empfehlenswert, in der Nähe der Staatskanzlei eine Nikolauskapelle zu errichten, die für Mitglieder der Regierung Tag und Nacht geöffnet ist, damit ihnen vielleicht auf diesem Wege die längst fällige himmlische Erleuchtung widerfährt.

Wiedergeburt

Sie stehen alle Jahre wieder im November schon
in Einkaufsmärkten tausendfach in den Regalen –
die Rede ist von Schokoladennikoläusen –,
auf dass sie jedem Käufer in die Augen fallen.

In jedem Jahr sind sie erneut *der* Renner.
Sie werden tausendfach gekauft und aufgegessen.
Doch geht das Jahr zu Ende, sind die armen Kerle
von heut auf morgen plötzlich ganz vergessen.

Zu Tausenden stehn sie nun arbeitslos herum
und sind einfach nicht tot zu kriegen.
Man sieht sie eine Zeit lang noch in den Regalen
in ihrer Glitzerstanniolverkleidung liegen.

Doch eines Tages sind sie fort, verschwunden.
Wohin sind sie gegangen über Nacht?
Wer hat die Schokonikoläuse weg-,
und wo hat man sie denn hingebracht?

Sie alle sind zurückgekehrt in die Fabriken.
Dort werden sie vom Stanniolpapier befreit,
und dort, wo sie das Licht der Welt erblickten,
da sind zur Neugeburt sie nun bereit.

In heißen Kesseln werden alle umgeschmolzen
und umgegossen werden sie zu Osterhasen
und auch zu kleinen und zu großen Ostereiern.
Zu Ostern liegen sie in Nestern auf dem Rasen.

Was nicht verkauft wird, geht dann still und leise
Ende April zurück in die Fabriken.
Zu Pfingsten kehren sie erneut dann wieder,
als Stanniolmaikäfer sind sie zu erblicken.

Was übrig bleibt von diesen Stanniolinsekten
ist nicht des Todes. Sie kehrn abermals zurück
in die Fabriken, werden dort ein drittes Mal
                                    verwandelt,
genießen wiederum ein neues Lebensglück.

Vermischt mit neuer Schokolade kehrn sie wieder
als Schokonikoläuse. Selbst Feinschmecker
vermögen Ranziges kaum zu erkennen.
»Mmh«, schwärmen sie, »die schmecken aber
                                    lecker!«

Bei ihrem Anblick schlagen alle Herzen höher,
und niemand lässt die Freude sich an ihnen rauben.
Wie sie wolln auch wir Menschen immer
                                    wiederkehrn.
Die Schokonikoläuse helfen uns, daran zu
                                    glauben.

Apfent, Apfent …

»So«, hat der geizige Huberbauer zu seiner Frau gesagt und eine Kerze vor den Spiegel gestellt, »jetzt könna mir aa an zwoatn Advent feiern.«

Die Mama liest dem kleinen Stefan eine Adventsgeschichte vor. Bei dem Satz: »Als Susi das Türchen vom Adventskalender öffnete, ging ein Lächeln über ihr Gesicht«, unterbricht Stefan die Mutter und fragt: »Du, Mama: wie viele Beine hat eigentlich so ein Lächeln?«

»Auch wenn du kein heller Kopf bist«, hat der alte Professor Gschwendtner zu seiner Frau gesagt, »in der Adventszeit geht dir dann scho oa Licht nach'm anderen auf.«

Der Philipp kommt am dritten Advent mit einem großen Karton ins Wohnzimmer. »Die elektrische Eisenbahn«, sagt er beiläufig zu den Eltern, »könnt ihr von meinem Wunschzettel streichen. Ich habe zufällig eine unter euerem Bett gefunden.«

Auf dem Christkindlmarkt

»Du«, sagt Frau Maier zu ihrer Freundin, »dieses Jahr fällt Weihnachten auf'n Freitag.« – »Was?«, stutzt die Freundin, »hoffentlich nicht auch noch auf an Dreizehnten.«

»Also, man kann über d' Chinesen sagen, was man will, aber dort im Knast wird mehr gemacht als Tütenkleben!«, hat der Bene gesagt, wie er auf dem Christkindlmarkt die handgeschnitzten Krippenfiguren gesehen hat.

Weihnachtsrätsel: Du fährst in einem Auto mit gleichbleibender Geschwindigkeit. Rechts von dir befindet sich ein Abhang. Links von dir fährt ein Feuerwehrauto mit Blaulicht und Martinshorn und hat dieselbe Geschwindigkeit wie du. Knapp vor dir schaukelt ein Hubschrauber auf Bodenhöhe und du kommst nicht an ihm vorbei. Hinter dir galoppiert ein Nashorn, das größer ist als dein Auto und verfolgt dich. Was unternimmst du, damit du dieser Situation, ohne Schaden zu nehmen, entkommst?
Antwort: Steig sofort vom Kinderkarussell ab und sauf künftig auf dem Christkindlmarkt weniger Glühwein!

Der Lebkuchen

Auf'm Christkindlmarkt, da wandern
von oam Standl hin zum andern
da Opa mit seim Enkelkind
und jeder schaugt, ob er was findt,
was eam guat gfoit und wos er möcht.

»A Lebkuacha waar jetz net schlecht«,
bitt do da Kloa, da Franzi zmoi.
»Und du glaubst, dass i dir den zoih«,
lacht do da Opa. »Bittschön ja«,
bettlt da kloane Franzi da.

Na guat, da Opa kafft oan Zäitn,
er wui beim Enkerl ja wos gäitn.
Da Franzi strahlt ois wia a Stern,
der Lebkuacha tuat eam jetz ghörn.

Doch auf amoi, do bleibt er steh,
tritt von oam auf den andern Fuaß.
»Wos is, wuist du net weitergeh?«
frogt 'n da Opa. »Naa, i muaß
jetz biesin, Opa, glei is z'spät,
weil's mir fast scho in d' Hosn geht.«

Da Opa ziagt den Buam sofort
hinter a Budn. Ein Abort

is koana do, doch bei am Drang,
do fragt ma hoit danach net lang.

Da Opa sogt: »Jetz mach scho zua,
i sorg dafür, du host dei Ruah,
weil i mi dicht vor di hinstell.
Und los jetz, Franzi! Gä, mach schnäi!«

Da Bua knöpft 's Hosntürl scho auf,
an Lebkuacha lasst er net aus.
Und schon nimmt alles seinen Lauf.
Wos raus muaß, des muaß eben raus.

Doch merkt dabei da Franzi net,
dass übern Lebkuacha wos geht.
Und wia er's merkt, z' spät is es do,
da Lebkuacha is woach jetz scho.

»Schau, Opa«, wimmert er geniert,
»mir is jetz do grod wos passiert.
I hob an Lebkuacha dasoacht,
und der is jetz scho ganz aufgwoacht.«

Da Opa sagt: »Des macht nix, Bua,
ich kaaf an neian dir, geh zua.
Und den derbieseltn, den nehma
mir na mit haom. Dahoam, do gema
ean glei da Oma. Die taucht, mei,
den Zäitn eh in Kaffee nei.«

Weihnachtlicher Büchertisch

Im Dezember war es wieder soweit. Herrn Pfaffinger überkam über Nacht sein »Alle Jahre wieder«-Weihnachtskoller. Auf einmal verspürte er
den Drang, sich in die Lektüre eines Weihnachts-
buches zu vertiefen und sich auf diese Weise
auf die stillste Zeit des Jahres einzustimmen.
So lenkte er seine Schritte beschwingt in eine
Buchhandlung und bereits am Eingang winkte
ihm der große Advents-Weihnachtsgeschichten-
Bastel-Plätzchen-Back-Lieder-Christbaum-
schmuck-Buchtisch, der bis in den letzten Win-
kel mit neuen Weihnachtsbüchern ausparkettiert
war.
Herrn Pfaffingers Augen leuchteten und er erin-
nerte sich gerührt an seine glückselige Kinderzeit,
als die Eltern ihm und seinen Geschwistern bei
der sonntäglichen Adventskranzkerzenstunde
besinnliche und geheimnisvolle Geschichten zur
stillen Zeit vorgelesen hatten, so dass sie draußen
gleich den Nikolaus im Schnee stapfen hörten
oder das Christkind am Fenster vorbeirauschen
sahen. Schon stand Herr Pfaffinger am Buchtisch
und überflog die Heerschar der Titel. Aber was
war das?! Herrn Pfaffingers Blicke verfinsterten
sich. »Wer klopfet an?«, las er da, »Glühwein-
heiße Krimis zur Weihnachtszeit« und »Von

drauß vom Walde komm ich her. Ein Gänse-
haut-Thriller für starke Nerven«. »Also so was,
Gangstergeschichten zur heiligen Zeit?! Das darf
doch wohl nicht wahr sein«, murmelte Herr Pfaffinger betroffen. Unsicher sah er sich weiter um.
Da – ein Buch mit dem Titel »Eiskalte Bescherung. Mord unterm Tannenzweig«, und dort
»Süßer die Schüsse nie klingen. Laute Krimis zur
leisen Zeit«. Nervös glitten Herrn Pfaffingers
Blicke über die Armee von Buchtiteln wie »Der
Mörder packt die Rute aus« und »Stille Zeit und
schrille Morde« oder »Je stiller die Nacht. Morde
zur Weihnachtszeit«.
»Kann ich Ihnen behilflich sein«, drang unver-
mittelt eine Stimme an Herrn Pfaffingers Ohr.
»Ja …, nein …«, stotterte der Angesprochene,
»also, ich hätte gern einen Krimi …, nein ein
Weihnachtsbuch.« – »Sie stehen doch davor«,
sagte die Buchhändlerin schnippisch. »Aber das
sind ja lauter Mordgeschichten«, protestierte
Herr Pfaffinger. »Aber natürlich«, lächelte die
Verkäuferin boshaft, »endlich zeitgemäße und
realitätsnahe Literatur und nicht mehr dieser sen-
timentale Kitsch wie ›Ihr Kinderlein kommet‹
oder ›Wir freuen uns aufs Christkind‹.« Herr
Pfaffinger stand wie erschlagen da. Schon hielt
ihm die Buchhändlerin einen weiteren Titel unter
die Augen. »Das ist momentan unser Bestseller«,
sagte sie. Herr Pfaffinger las: »Schrille Nacht,

geile Nacht. Erotische Weihnachtsmorde vom Feinsten«.

»Leck mich am A...«, entfuhr es ihm da. Er drehte sich um und eilte aus dem Laden.

»Also, das ist doch der Gipfel der Unverschämt-heit«, kreischte ihm der eiskalte Buchengel ins Kreuz. Herr Pfaffinger blieb stehen, drehte sich um und raunzte zurück: »Der Gipfel schon, aber realitätsnah und zeitgemäß! Rohe Weihnachten wünsch' ich.« Und schon war er um die Ecke verschwunden.

Weihnachtseinkaufsmarathon

Er: »Und wann bist du wieder zrück?«
Sie: »Mei, so nach 800 Euro.«

»Ich bin sehr besorgt um meine Frau. Sie ist nämlich bei diesem schlimmen Schneetreiben in die Stadt gegangen«, sagt Herr Gruber zu seinem Nachbarn. – »Na ja«, meint der, »sie wird schon in irgendeinem Geschäft Unterschlupf gefunden haben!« – »Eben«, brummt Herr Gruber, »deshalb bin ich ja so besorgt!«

Die kleine Kathi kommt in ein Süßwarengeschäft: »Ich möchte der Mama zu Weihnachten eine große Dose mit Süßigkeiten schenken.« – »Ja, wie soll denn die Dose ausschauen?«, erkundigt sich die Verkäuferin, »soll sie golden oder grün sein, sollen Sterne darauf sein oder rote Herzchen …?« – »Das ist mir wurscht«, sagt Kathi, »die Hauptsache ist, der Deckel geht leicht und leise auf und zu.«

»›Christ der Retter ist da‹, so heißt es in dem Lied ›Stille Nacht, Heilige Nacht‹«, lästert der Chorleiter von St. Michael, »aber wen rettet der Heiland heut denn schon noch außer am Einzelhandel?«

Strahlig Weihnachtskerz

Da gehe ich ahnungslos in ein Geschäft, in dem diverse Artikel für den Heiligen Abend angeboten werden, entdecke eine Schachtel, auf der das hübsche Bild eines etwa fünf Zentimeter großen beleuchtbaren Ansteckers in Form einer Weihnachtskerze prangt und entschließe mich spontan zum Kauf. Stolz trage ich das erworbene Schmuckstück nach Hause, in der Überzeugung, mit diesem Kleinod zum Gelingen des Heiligen Abends einen wertvollen Beitrag leisten zu können. Daheim packe ich den Ansteckter aus, entfalte erwartungsvoll die Bedienungsanleitung und beginne zu lesen. Schon die Überschrift nimmt mich sofort gefangen. Bedienungsanleitung für eine »Strahlig Weihnachtskerz« mit dem geheimnisvollen Kürzel »AKW 2007« heißt es da, selbstverständlich »Made in China«. Beim Weiterlesen komme ich dann nicht mehr aus dem Staunen heraus. Ich lese laut:

»Herzlich Gluckwuensch zu gemutlicher Weihnachtskerz Kauf.
Mit sensazionell Modell AKW 2007. Sie bekom nicht teutonische Gemutlichkeit fuer trautes Heim nur, auch Erfolg als moderner Mensch bei anderes Geschleckt nach Weihnachtsganz aufge-

gessen und laenger, weil Batterie viel Zeit gut lange.

Zu erreischen Gluckseligkeit unter finstrem Tann, ganz einfach Handbedienung von AKW 2007:

1. Auspack und freu.

2. Slippel A kaum abbiegen und verklappen in Gegenstippel B fuer Illumination von AKW 2007.

3. Mit Klamer C in Sacco oder Jacke von Lebenspartner einfraesen und laecheln fuer Erfolg mit AKW 2007.

4. Fuer eigens Weihnachtsfeierung AKW 2007 setzen auf Tisch.

5. Fuer kaput oder Batterie mehr zu Gemutlichkeit beschweren an: wir, Hindenburgstrass.

6. Fuer neue Batterie alt Batterie zurueck fuer Sauberwelt in deutscher Wald.«

Ich folge der Bedienungsanleitung aufs Wort. Nach Auspack von AKW 2007 und freu, biege ich Slippel A kaum ab und verklappe in Gegenstippel B fuer Illumination. Als ich am Heiligabend nach Weihnachtsganz aufgegessen mit Klamer C probier als moderner Mensch AKW 2007 in Sacco von Lebenspartner einfraesen, kommt kein laecheln für Erfolg, weshalb ich fuer eigens Weihnachtsfeierung AKW 2007 setz auf Tisch. Da Batterie kaput und nix fuer viel Zeit gut

lange Abend ohn Gemutlichkeit. Nach Weih-
nacht Hindenburgstrass ich such, aber nicht find.
Nachdem ich alt Batterie fuer Sauberwelt in
deutscher Wald zurueck, kauf neu Batterie. In
trautes Heim unter finstrem Tann AKW 2007
jetz sensazionell strahlig. Ich freu und gemuetlig
alle drei Stroph still Nakt sing und erreisch
Gluckseligkeit mit sensazionell Modell AKW
2007. Jetz Erfolg bei anderes Geschleckt auch
ohne Einfraesen von AKW 2007 in Sacco von
Lebenspartner. Froe Weinnakt!

Wünsche

Der sparsame Goribauer fragt seine Frau: »Was wünschst du dir dieses Jahr zu Weihnachten?« – »Ich weiß nicht«, antwortet sie. »Gut«, meint er, »dann schenke ich dir noch ein Jahr zum Überlegen.«

»Liebes Christkind«, hat der Rudi auf seinen Wunschzettel geschrieben. »Ich hab nur einen einzigen Wunsch. Kauf mir einfach soviel, bis dir das Geld ausgeht.«

»Von jetzt ab«, hat die Frau Huber zu ihrem Mann gesagt, »schenken wir uns z' Weihnachten nur noch Sachn zum Anziehn, also zum Beispiel Nerzmäntel und Krawattn.«

Der Maxl brüllt durchs ganze Haus: »Liebes Christkind, ich wünsch mir in diesem Jahr einen CD-Player, ein Mountainbike und einen Fußball …« – »Bist du narrisch?«, schimpft die Mutter, »was schreist du denn so rum? Das Christkind ist doch nicht schwerhörig!« – »Das Christkind nicht – aber der Opa!«

Onkel Valentins gespickte
Weihnachtsregeln

Im Münchner Westen wohnte in den sechziger
Jahren ein älterer Mann, Valentin Steingraber mit
Namen, der sich aber von allen nur Onkel Valentin nennen ließ.
Onkel Valentin war gebürtiger Münchner und als
solcher stolz, ebenso zu heißen wie der berühmte
Komiker Karl Valentin, den er über alles ver-
ehrte. Er kannte deshalb nicht nur dessen Thea-
terstücke, Sketche und Filme ganz genau, sondern übernahm mit den Jahren auch immer mehr
dessen Ansichten, ja sogar dessen Lebensweise.
Aus diesem Grund glich er, der ohnehin nicht zur
Korpulenz neigte, auch schon bald in seiner Sta-
tur dem zaundürren Gestell des hintersinnigen
Spaßmachers.
Das ganze Jahr über wurde man durch Onkel
Valentin ständig auf die eine oder andere Weise
an den Münchner Querdenker erinnert. So ver-
langte Onkel Valentin in der Apotheke regelmäßig Karl Valentins Lieblingsarznei: »Isopro-
pilprophemilbarbitursauresphenildimethildimen-
thylaminophirazolon«, was den Apotheker, der
das Wort mittlerweile wohl zum hundertsten
Male von diesem Kunden gehört hatte, jeweils zu
der gleichen Äußerung veranlasste: »Des is grad

ausganga. Aber a Aspirin hätt ma no. Des huift aa net.«

In die Zeitung setzte Onkel Valentin mindestens einmal im Monat eine valentineske Anzeige wie diese: »Brieftaube für eingeschriebene Briefe zu kaufen gesucht!« Oder: »Toilettenfrau, die gut bürgerlich kochen kann, zum Kegelaufstellen gesucht. Kaution kann erstellt werden.« Die brieflichen Reaktionen darauf waren jeweils zahlreich und originell. Onkel Valentin sammelte sie alle fein säuberlich, und bald schon füllten sie mehrere Leitzordner.

Manchmal redete er auch wildfremde Leute auf der Straße an, indem er sich beispielsweise erkundigte: »Entschuldigen S', wissen Sie schon das Neueste? – Nein? Dann lassen S' Ihnen sagen: Die Haustüre gehört nicht zu den Haustieren.« Oder er wendete sich in der Straßenbahn an seinen Nebenmann: »Wissen Sie eigentlich, Herr Nachbar, dass niemand weiß, ob ein Nichtraucher, der nicht raucht, ein Raucher ist oder ein Nichtraucher?«

Onkel Valentin kam zeitlebens kaum aus München heraus. Er verabscheute Reisen. Fragte man ihn, ob er nicht auch einmal wegfahren wolle, erklärte er: »Aber ich reise ja fast selten nie, ich bin noch ganz selten gerissen.«

Ein anderes Mal räsonierte er in einer Wirtschaft vor allen Gästen: »Also, nix stimmt in der Natur, lauter Murks is! Lauter Fehler! Da schaun S' des Salz an, könnt jetz das net a andre Farb habn, dass ma's glei wegkennat vom Zucker, bevor's zu spät is, in d' Suppn nei!«

Einem Bekannten, der sich über seinen Chef recht ärgerte, riet er: »Telefonier den Hammel doch einfach an und schimpf ihn recht zamm, aber lass dich falsch verbinden, dann hört er's nicht!«

Kein Wunder, dass sich die meisten Leute durch Onkel Valentin auf den Arm genommen fühlten. Manche unterbrachen ihn einfach und sagten, dass er sie nicht aufhalten solle, denn Zeit sei schließlich Geld. Auch darauf wusste er aber ein Zitat Karl Valentins: »Naa, des stimmt net. – Zeit hab i gnua, aber kein Geld! Wenn i soviel Geld hätt wie Zeit, dann hätt i mehr Geld wie Zeit.«

So wurde man durch Onkel Valentin ununterbrochen an den berühmteren Namensvetter erinnert, und es war erstaunlich, wie der an sich unbedeutende Mann durch die Nachahmung des bewunderten Vorbildes in seiner Umgebung langsam selbst bekannt und zunehmend als Original bestaunt wurde. Freimütig gab er auch immer zu, wenn er ein Zitat von Karl Valentin abgeschaut hatte. Er sagte dann: »Des hab i vom Vale abgspickt. Denn so was Ähnliches wie dem is mir auch schon oft passiert, wenn's auch ganz anders war.«

Einen Höhepunkt erreichte Onkel Valentins Ver-
ehrung für sein Vorbild jedoch alle Jahre wieder
im November, etwa zwei Wochen nach Allerheiligen, wenn sich die Menschen darauf einzustel-
len begannen, mit den Besorgungen der Weih-
nachtsgeschenke anzufangen. Denn dann startete
Onkel Valentin einen Feldzug eigener Art. Er
schlenderte fast täglich in München von Geschäft
zu Geschäft, einen Packen Flugblätter auf dem
Arm. Jedem Passanten, der ihm entgegenkam,
steckte er ein Blatt zu mit den Worten: »Ent-
schuldigung, diesem Flugblatt san die Flügel
gstutzt worden. Jetzt kann's nimmer selber fliang.
Gehn S', san S' doch so guat und tragn S' as bittschön hoam. Sie san ois Münchner doch tierlieb,
net wahr?« Dabei lächelte er spitzbübisch, und
kaum einer mochte ihm deshalb die Abnahme
des Zettels verweigern, auf dem er folgende
Gedanken Karl Valentins auf eigene Kosten hatte
abdrucken lassen:
»Liebe Eltern! Weihnachten ist nahe, das Fest der
Kinder, das Fest der Gaben – und Kinder wollen
halt Spielsachen haben.
Aber, gibt es überhaupt harmlose Kinderspielsa-
chen? Bei näherer Überlegung nicht. Also zum
Beispiel Ski oder Rodelschlitten – die Kinder
können dabei stürzen und sich die Genicke bre-
chen.
Harmlose Gummibälle – die Gummibälle kollern

auf schmutzigem Boden, allerlei Bazillen bleiben daran, wandern von den Kinderhänden in den Mund und infizierte Krankheiten – wie Scharlach, Masern, Altersschwäche usw. – sind die Folgen. Also keine Gummibälle!

Eine Kindereisenbahn? Nein! Die geheizte Dampflokomotive könnte unter die Bettlade fahren, fällt um; der brennende Spiritus läuft über, das Bett fängt zu brennen an, das Zimmer auch, die Kinder auch – und das Unglück ist fertig.

Der Steinbaukasten kommt gar nicht in Frage! Wie leicht kommen Kinder in Streit, werfen sich gegenseitig die Steine an die Schläfe – man denke hier an David und den Riesen Goliath.

Ein Farbkasten ist harmlos, aber beim Malen von Bäumen verwendet man grüne Farbe. Grün setzt Grünspan an, Grünspan ist Gift – also wieder eine Gefahr für Kinder.

Geduldsspiele können für Kinder wiederum Gefahr bringen: In ihren jungen Jahren könnte denselben schon die Geduld reißen und ein Nervenleiden wäre unausbleiblich.

Papierdrachen zwingen die Kinder zum Spielen im Freien, frische Luft ist für die Kinder gesund, aber wenn der Drachen in der Luft fliegt, schauen die Kinder nach oben, und unten laufen sie schließlich in ein Auto oder eine Straßenbahn und werden überfahren.

Trommeln und Trompeten sind an sich harmlos,

aber da machen die Kinder wieder zuviel Lärm – die Hausinwohner beschweren sich, die Eltern bekommen mit diesen Streit, Gerichtsverhandlungen sind die Folgen; also Trommeln und Trompeten sind auch nicht das Richtige.

Badehosen für den Sommer: Die Kinder gehen zum Baden, könnten dabei ertrinken; eine Zimmerschaukel – Strick reißt – Hals- und Beinbruch. Kleine farbige Schusser zum Kugeln sind sehr gefährlich: Die Kinder nehmen aus Übermut solche Kugeln in den Mund, die Kugeln rutschen hinunter, der Arzt kuriert auf Gallensteine, und wer ist schuld: die unvernünftigen Eltern.

Also keine Weihnachtsgaben. ...? Doch! Ein Geschenk wäre eventuell gefahrlos: ein Radio! Aber auch der kann Gefahr bringen: Bei den überaus lustigen Sendungen der letzten Zeit könnten sich die Kinder und auch die Erwachsenen krank lachen – also auch wieder nichts.

O du fröhliche, o du selige, gnadenbringende Weihnachtszeit! Liebes Christkind, dann bring uns wenigstens heuer Gnade, das ist was Schönes und was Billiges – und ganz gefahrlos!«

Nicht wenige Leute, die dieses Flugblatt gelesen hatten, ließen nach der Lektüre ihren Geschenkeberg tatsächlich etwas schrumpfen. Und das hatte Onkel Valentin mit seiner Aktion natürlich beabsichtigt.

Noch engagierter aber verhielt er sich etwa eine

Woche vor Heiligabend. Er mischte sich dann unter die Christbaumverkäufer und warnte baumkaufwillige Kunden lautstark: »Kaufen S' bitte keinen Baum! Denn wieviele Zimmer- brände entstehen gerade am Heiligen Abend durch das Umfallen von Christbäumen. Und statt des Christkinds kommt dann die Feuerwehr ins Haus und hat alle Hände voll zu tun, also Vorsicht! Keine Beleuchtung des Christbaums – wenn das Zimmer hell ist, sieht man ja den Christbaum auch so. Aber noch besser ist gar kein Christbaum, weil, wenn keiner da ist, kann auch keiner brennen. Das Zimmerlicht allein reicht auch.«

Einmal soll sich ein Christbaumverkäufer über Onkel Valentins Gerede dermaßen aufgeregt haben, dass er ihm fluchend einen Christbaum auf den Schädel schlug, was Onkel Valentin zu der lakonischen Frage veranlasste: »Meinen S', dass er jetzt weniger brennt?«

In den letzten Jahren seines Lebens ließ sich Onkel Valentin immer seltener in der Öffentlich- keit blicken, auch in der Vorweihnachtszeit, wor- auf schon bald ein Wort die Runde machte: »Seit Onkel Valentin uns nicht mehr vor den Heilig- abend-Gefahren warnt, kaufen die Leute wieder stärker Geschenke und Bäume ein.«

Als es mit Onkel Valentin zu Ende ging, regte er sich noch darüber auf, dass er mitten im Sommer scheiden müsse und es ihm nicht vergönnt sei, wie sein Vorbild Karl Valentin am Rosenmontag zu sterben. Er meinte: »Da plagst dich dein ganzes Leben um den Vale, tuast oiss, was d' kannst für den Krüppi, und dann lasst er dich bei dera Hitzn sterbn, grad jetz, wo 's Fleisch doch gar so schnell schlecht werd.«

Onkel Valentin liegt auf dem Waldfriedhof begraben. Die Inschrift, die er sich gewünscht hat, steht allerdings nicht auf seinem Grabstein. Sie hätte lauten sollen:

»Valentin Steingraber
liegt begraben unter diesem Stein.
Kommst du hier vorbei,
schau ruhig einen Sprung bei ihm herein.
Wenn es dir bei ihm gefällt,
dann denk dir nichts dabei,
bleib da, denn nebenan,
da sind noch schöne Zimmer frei.«

Ja, so war er halt, der Onkel Valentin.

Weihnachtsfeiern überall

Weihnachtsfeier in der Schule.
Gustl: »Herr Lehrer, singen wir heut noch das Komiker-Lied?«
Lehrer: »Was für ein Lied bitte?«
Gustl: »Na, Sie wissen schon: Vom Himmel hoch, da komiker ...«

Auf der Weihnachtsfeier eines Münchner Hasenvereins hielt der Vorsitzende eine ungewöhnlich lange Rede. Am Ende entschuldigte er sich wegen der langen Ausführungen. »Ach was«, beschwichtigte ihn da sein Kollege, »die Rede war doch net z' lang. Auf die Weis vergeht wenigstens der Winter schneller.«

»Bei Weihnachtsfeiern im Betrieb«, hat der Abteilungsleiter gesagt, »gilt dieselbe grundsätzliche Regel wie an Heiligabend: Nicht zu früh mit dem Auspacken beginnen!«

»Am liabstn mag ich die beschauliche Zeit«, hat der Pfarrer in der Weihnachtsfeier beim Frauenbund gesagt und dabei unentwegt auf die vollen Platzerlteller geschaut.

Der Tanzengel

Es war der erste Adventssonntag. Die Mutter hatte neben den Adventskranz einen kleinen Engel gestellt, der auf einer mit Sternen verzierten Spieldose befestigt war. Am Nachmittag zog Vater das Werk der Spieldose auf und sofort ertönte die Melodie »Alle Jahre wieder kommt das Christuskind«. Dazu drehte sich die Engelsfigur im Kreis, und es schien, als würde sie dabei die Saiten der Gitarre zupfen, die sie in Händen hielt.

Die beiden sechs und sieben Jahre alten Buben Tim und Tom waren von dem tanzenden Engel ganz begeistert. Immer wieder streckten sie ihre Hände nach ihm aus, aber Vater ermahnte sie:

»Halt, halt, halt, ihr beiden Bengel, lasst bloß die Finger von dem Engel!«

Aber die Kinder ließen sich kaum noch bremsen. Sie wollten wissen, wie das alles funktionierte. Da erbarmte sich der Vater und erklärte es den beiden. »Weißt du«, meinte er zur Mutter, »Kinder wollen immer alles ganz genau wissen. Deshalb muss man ihnen auch alles genau zeigen.«

Schließlich durften es die Buben selbst versuchen. Immer wieder zogen sie abwechselnd das Spielwerk auf, und der Engel drehte sich, und »Alle Jahre wieder« ertönte alle Minuten wieder, erst in schnellem Tempo, dann immer langsamer werdend, bis schließlich die Musik mitten im Ton verstummte und den Engel zum augenblicklichen Stillstand zwang.

Auf jeweils diesen Augenblick lauerten Tim und Tom. Einer von beiden war immer der Schnellere und der ergriff die Dose, überdrehte beim hastigen Aufziehen beinahe die Feder, und aufs Neue kreiste der Engel in pirouettenhaften Drehungen um seine eigene Achse, begleitet von der rasenden Melodie des »Alle Jahre wieder«. Je öfter sich das Geschöpf des Himmels drehen musste, eine desto grünlichere Tönung schien seine Gesichtsfarbe anzunehmen. Dabei entstand der Eindruck, als hielte er sich auch krampfhaft an der Gitarre fest, so als hätte ihn plötzlich Schwindel ergriffen.

»Papa«, meinte Tim, »warum ist der Engel auf einmal so grün im Gesicht?«

»Na«, meinte die Mutter, »dreh dich du einmal ununterbrochen im Kreis, dann wirst du auch grün, du Naseweiß.«

Vater widersprach: »Ach, Unsinn, das sieht nur so aus. Weißt du, Tim, das sind nur die Zweige des Adentskranzes, die sich im Gesicht des Engels widerspiegeln.«

Die Kinder störte das augenblickliche Befinden ihres Spielgefährten auf der Dose sowieso nicht. Kaum stand er still, zwangen sie ihn durch das Aufziehen des Spielwerks zur nächsten Tanz-

runde, zu der erneut die »Alle Jahre wieder«-
Weise erklang.

Nach einer Stunde ermahnte die Mutter die
Buben, doch um Himmels willen endlich einmal
eine kurze Pause einzulegen. Doch die beiden
folgten dieser Anregung nicht. Da ging Mutter in
die Küche und dämpfte durch das Schließen der
Schiebetüre die Musik und die zunehmende Rei-
zung ihrer Nerven. Vater floh – wie immer bei
erfolglosen Erziehungsversuchen der Mutter –
nach oben in sein Zimmer, wo er die Tanzweise,
die ihn hartnäckig auch dorthin verfolgte, durch
Radiomusik zu übertönen versuchte. Zerknirscht
grübelte er darüber nach, ob man Kindern wirklich immer alles genau zeigen sollte, nur weil sie
alles genau wissen wollen.

Die Kinder aber ließen ihren Engel nicht im
Stich. Die fortwährend neu gespannte Spielfeder
nötigte ihn zum Tanz, immer wieder. Er drehte
sich, den Mund schmerzhaft zu einem Wehlaut
geöffnet, die Hände verkrampft um den Hals der
Gitarre geklammert. Plötzlich schien er am Ende
seiner Kräfte angelangt zu sein.

Als er wieder einmal wie zur Salzsäule erstarrt
anhielt und Tom schon wieder die Finger nach
ihm ausstreckte, geschah Unerwartetes. Der
geflügelte Tänzer rutschte plötzlich von der
Spieldose. Tom zog erschreckt die Hand zurück.
Der Engel ließ die Gitarre fahren, wankte über

den Tisch, glitt von dessen Rand mit matten Flügelschlägen zu Boden, torkelte nach unsicherer Landung quer durch das Wohnzimmer, kroch unter das an der Wand stehende Sofa und kam von dort nicht mehr zum Vorschein.

Tom entfuhr ein »Ui schau«-Ruf. Tim hatte die Flucht des Engels sprachlos verfolgt. Beide erstarrten so wie der Engel nach Beendigung einer jeden Tanzrunde und sie fixierten mit erstaunten Blicken die Stelle, an der das himmlische Wesen unter das Sofa verschwunden war.

»Mama«, rief Tom zaghaft, »der Engel ist uns weggelaufen!«

»Na endlich«, seufzte Mutter. »Ein Wunder, dass er es überhaupt so lange ausgehalten hat.«

»Mama«, erklärte Tim, »er hat sich unter das Sofa verkrochen. Wer soll jetzt tanzen?«

»Ich jedenfalls nicht«, rief die Mutter, »und Vater braucht ihr auch nicht zu fragen. Der tanzt ja nicht mal mit mir!«

»Kommst du mal?«, fragte Tom. »Die Dose lässt sich auch nicht mehr drehen.«

»Gott sei Dank«, murmelte die Mutter erleichtert und ging ins Wohnzimmer.

»Wo ist der Engel?«, fragte sie tonlos, als sie den leeren Dosentanzplatz erblickte.

»Unterm Sofa«, sagte Tom treuherzig.

»Erzähl mir keinen Unsinn«, schimpfte die Mutter, »wer von euch hat ihn abmontiert?«

»Keiner«, erklärte Tim feierlich, »er ist ganz freiwillig davongelaufen.«

»Gleich werde ich ärgerlich«, drohte die Mutter. »Zum letzten Mal: Wo ist der Engel?«

Die beiden Buben deuteten stumm in Richtung Sofauntergrund. Mutter riss die Türe auf.

»Alfred«, rief sie nach dem Vater, »komm doch mal bitte herunter!«

»Nur wenn du die Spieldose in Beschlag genommen hast«, tönte es von oben.

»Das ist nicht nötig«, rief Mutter hinauf, »sie funktioniert nicht mehr, und der Engel ist auch weg.«

Augenblicklich stand Vater im Zimmer.

»Wieso ist da kein Engel mehr drauf«, keuchte er.

»Die Kinder sagen, er sei unter das Sofa geflohen«, erklärte Mutter spöttisch.

Schon lag Vater auf dem Bauch und robbte sich an die Versteckhöhle heran, schaute angestrengt ins Dunkel und sagte: »Ich sehe nichts.«

»Aber er muss dort sein«, beharrte Tom.

»Du musst ihn rauslocken«, regte Tim an.

»Locken, locken! Wie stellst du dir denn das vor?«, knurrte Vater.

»Sing doch einfach ›Alle Jahre wieder‹«, schlug Tom vor.

»Bist du verrückt«, regte sich Vater auf, »davor ist er doch gerade davongelaufen, wenn ihr die Wahrheit gesagt habt.«

»Dann versprich ihm, dass er nie wieder auf die Spieluhr muss«, empfahl die Mutter.

»Haltet mich bloß nicht zum Narren«, schnaubte der Vater. Aber dann tauchte er doch erneut in die Tiefe und säuselte unter das Sofa: »Hallo, Englein, wir alle versprechen dir, dass du nie mehr tanzen musst. Komm doch bitte wieder heraus.«

Der Engel zeigte sich nicht. Nun durfte ein jeder sein Glück versuchen, sich auf den Bauch vor das Sofa legen und daraufloslocken. Draußen dämmerte es bereits. Die Versprechungen liefen im Wesentlichen auf folgende Zusagen hinaus:

Die ganze Familie übt künftig keinen Tanzzwang mehr aus.

Die »Alle Jahre wieder«-Anhörfolge wird sofort abgeschafft.

Die Gitarre wird sicherheitshalber entfernt.

Und der Vater garantierte dem himmlischen Wesen als letzten Trumpf sogar den vorgezogenen Ruhestand unmittelbar neben der Krippe.

Gegen 19 Uhr zeigte sich der Gesuchte endlich, zermürbt, mit hängendem Kopf und schlappen Flügeln. Vater gewährte ihm wortlos in seinen großen Händen Asyl. Er trug ihn zur Erholung auf den Dachboden und legte ihn dort zu einer Schlafkur in die Schachtel, in der auch die Krippenfiguren aufbewahrt waren.

Als Vater die Bodentreppe herabstieg, murmelte

er betroffen: »Also, das hätte ich nie für möglich gehalten, dass man jemand in so kurzer Zeit derart nervlich zerrütten kann. Das schaffen auch nur unsere Kinder.«

Es war still im Zimmer, als sich die Familie an den Tisch setzte. Mutter zündete die erste Kerze auf dem Adventskranz an. Alle sahen betreten in die flackernde Flamme und immer wieder verstohlen auch auf die verwaiste Spieldose.

Tom fragte leise: »Wenn es dem Engel morgen wieder besser geht, kann er dann …«

»Nein«, unterbrach ihn Vater, »er kann nicht.«

Tim stupste die Spieluhr an. Sie blieb stumm. Da begann er etwas falsch, aber unheimlich lieb, »Alle Jahre wieder« zu summen. Weder Vater noch Mutter brachten es übers Herz, ihm das zu verbieten.

Weihnachtsgeldersatz

Da derzeit Arbeiter und Angestellte, ja selbst Beamte immer häufiger auf Zahlung des Weihnachtsgeldes verzichten müssen, empfiehlt es sich, diesen Menschen wenigstens mit einem kleinen Buchgeschenk für die das Jahr über geleistete Arbeit Anerkennung zu erweisen und auf diese Weise auch zur Erhöhung ihrer Allgemeinbildung beizutragen. Im Folgenden sind als Anregung einige passende Buchtitel für die jeweiligen Berufsgruppen aufgeführt:

Betriebsleiter und Direktoren: »Ganoven im Frack«

Abteilungsleiter: »Wenn das Gewissen schweigt«

Buchhalter: »Der Millionendieb«

Mitarbeiter der Abteilung Recht: »Der Meineidbauer«

Mitarbeiter im Warenlager: »Vom Winde verweht«

Sekretärinnen: »Nackt unter Wölfen«

Ingenieure und Konstrukteure: »Und bauten am Abgrund«

Betriebsrat: »Denn sie wissen nicht, was sie tun«

Sachbearbeiter: »Der Gejagte«

Telefonistinnen: »Zwischen zwei Fronten«

Hausboten: »Soweit die Füße tragen«

Hausverwaltung und Pförtner: »Der Spion, der
   aus der Kälte kam«
Sonstige Angestellte: »Verdammt in alle Ewig-
   keit«
Reinigungspersonal: »Betrogen bis zum Jüngsten
   Tag«

Auch die ehemaligen Betriebsangehörigen, die
Renten beziehen, sollten berücksichtigt werden.
Für sie empfehlen sich Titel wie: »Hunde, wollt
ihr ewig leben« oder »Nebenan lauert der Tod«.
Sofern die Bücher aus Kostengründen nicht ver-
sandt werden, was meist der Fall ist, sollte man
sie rechtzeitig vor Heiligabend an der Pforte seines Betriebes oder seiner Einrichtung abholen.

Krippenzauber

Im Kindergarten sollen die Kinder eine Krippe mit Ochs und Esel malen. Alle greifen zu den Stiften und malen eifrig darauf los, nur das Blatt von Franz bleibt leer. Warum malst du denn keinen Ochs und Esel?« fragt die Kindergärtnerin. »Oh«, meint der Franz, »die sind weggegangen, um Gras zu suchen.« – »So, und wo sind Maria und Josef?« – »Die suchen den Ochs und den Esel.« – »Aha, und wo ist das Jesuskind?« – »Na, das haben sie mitgenommen.«

»Der Apfent ist die schönste Zeit vom Winter«, schreibt der Kurt in seinem Schulaufsatz. »Da haben die meisten Leute eine Grippe. Die ist mit Fieber. Wir haben auch eine, aber die ist mit Beleuchtung und steht unter dem Christbaum.«

»Woaßt du«, hat die Bäuerin den Bauern gefragt, »was der Unterschied zwischen dem Christkindl und mir is? – Was, net? Na sag ich dir's: 's Christkindl hat nur oa Nacht neben an Ochsn schlafa müassn.«

Zwei Buben streiten sich auf der Probe zum Weihnachtsspiel. »Du bist ein großer Esel!«, ruft Simon. »Und du ein noch viel größerer«, schreit

Oliver. »Ruhe«, ruft der Lehrer, »ihr vergesst wohl ganz, dass ich auch noch im Raum bin!«

Ein Pfarrer lässt die Krippe in seiner Kirche renovieren. Kurze Zeit später erhält er vom Kirchenmaler eine »Rechnung für die Grippe«:

Dem König Melchior den Hintern geleimt	15,– €
Den Erzengel Gabriel aufgehängt	10,– €
Die Magd von der Seite geraspelt	9,– €
Dem König Balthasar seinen Hals gesäubert	8,– €
Dem einen Hirten seinen Ständer poliert	5,– €
Dem Josef seinen Bart geflickt	12,– €
Der Maria ein neues Kind gemacht	60,– €
Dem Ochsen sein ausgeschlagenes Auge ersetzt	15,– €
Dem Esel einen neuen Löffel gegeben	10,– €
Macht zusammen:	144,– €

Grassierender
Weihnachtsschnupfen

Jeder weiß, dass der gewöhnliche Schnupfen eine Krankheit ist, die mit Arzt eine Woche, ohne Arzt aber sieben Tage dauert. Eine Ausnahme hiervon macht der Weihnachtsschnupfen, der grundsätzlich länger anhält und regelmäßig drei bis vier Wochen vor Weihnachten auszubrechen pflegt. Die Symptome sind eindeutig:
Der Weihnachtsschnupfen beginnt mit einem dumpfen Druck im Kopf, auch als primitiver Kaufrausch bezeichnet. Viele von denen, die dieses Jahr keinesfalls mehr den »Konsumterror« mitzumachen beabsichtigten, kommen aus der Stadt zurück und stellen bestürzt fest, dass sie die doppelte Menge von dem eingekauft haben, was sie sich schon letztes Jahr keinesfalls mehr besorgen wollten. Zum primitiven Kaufrausch gesellt sich häufig der Klingelingeling-Brummschädel. Er verstärkt sich von Adventssonntag zu Adventssonntag mit der Anzahl der Kerzenlichter, obwohl einem selbst kein Licht aufgeht, das die Erleuchtung bringt, mit welch tollen Gaben man zu Beschenkende überraschend verschonen könnte.
Alle-Jahre-wieder-Schlafstörungen sind die Folge,

die bis kurz vor Heiligabend anhalten. Dann bricht der Weihnachtsschnupfen voll aus. Der eine ist völlig verschnupft, weil viele der erwarteten Fröhliche-Weihnacht-und-ein-gutes-neues-Jahr-Karten nicht eingetroffen sind, der andere, weil Geschenke, die er sich doch mehrfach gewünscht hatte, nicht vom Himmel hoch dahergekommen sind, ein dritter, weil er an den Feiertagen von guten Bekannten nicht zum Kaffee eingeladen wurde, zu denen er ohnehin nicht gerne gegangen wäre, weil er Weihnachten doch endlich einmal etwas Zeit für liebe Freunde benötigt.

Manche sucht der Weihnachtsschnupfen derart heim, dass sie heimlich sogar Rotz und Wasser heulen.

Nach den Festtagen endet diese grässliche Gesundheitsstörung relativ rasch mit meist heftigem, aber kurzfristigem Umtauschfieber. Dabei tauscht man Dinge, die man keinesfalls benötigt, gegen Dinge ein, die man unbedingt auch nicht braucht und die man deshalb bei den nächsten Besuchen großzügig weiterverschenken wird. Und wie kann man sich vor dem Weihnachtsschnupfen retten? Nun, es gibt nur eine Möglichkeit, aber … aber ha … aber ha-ha-hatschi-bumbatschi-bum-bum …

Weihnachtliche Plauderei

Auch Sie werden alle Jahre wieder die Erfahrung machen, dass im Dezember, wenn das Weihnachtsfest naht, schlagartig innere Zwänge reaktiviert werden, die uns dazu drängen, seltsame Vorbereitungen zu treffen, von denen die eigentlichen Hauptakteure dieses Festes vor 2000 Jahren noch nicht die Spur einer Ahnung hatten. Vorrangig sind es Wünsche, die in uns aufkeimen und beängstigend rasch zu oft unnatürlicher Größe gedeihen. Viele protokollieren ihre Einfälle diesbezüglich sogar auf so genannten Wunschzetteln, die sie an einen Adressaten versenden, dem sie noch niemals persönlich begegnet sind: an das Christkind.

Die vier Wochen Advent braucht man dringend, um sich so richtig zu besinnen, was man noch alles für Heiligabend einkaufen muss. Alle Geschäfte sind deshalb seit Allerheiligen weihnachtlich beschallt. Dadurch sollen Kunden zu vermehrtem Konsum animiert werden. Was man auch immer gegen Weihnachtshamsterkäufe einzuwenden hat – sie sind jedenfalls ein hervorragendes Training für den Winterschlussverkauf. Doch im Gegensatz zum Winterschlussverkauf kauft man in der Adventszeit großenteils für andere Leute Dinge, die man sich selber nicht leisten würde. Wenn der Adventskranz dann die ersten Nadeln verliert, wird es Zeit für die letzten Weihnachtseinkäufe.

Jetzt wird es langsam auch höchste Eisenbahn, den Christbaum aufzustellen, wie man jenen Gegenstand nennt, der jahrelang wie angewurzelt am selben Fleck steht, bis er sich widernatürlich geschmückt sich in einem höllisch heißen Wohnzimmer wiederfindet, wo man ihn anhimmelt, bevor er kurz darauf pietätlos auf den Müll geworfen wird. Sein Lebenslauf ähnelt hierin durchaus dem von Menschen, die unnatürlich schnell Karriere gemacht haben.

In der Nähe des Baumes kommt die Krippe zu stehen. Handgemachte Krippenfiguren haben häufig ein verschnitztes Lächeln, und welcher Antiquitätenhändler wünschte sich beim Anblick einer Krippe nicht, an das Original heranzukommen? Bei der Betrachtung der Heiligen Drei Könige murmelt wohl so mancher: »Genauso wie die Minister bei uns heute. Die sehen auch ihren Stern aufgehen, laden den Kamelen alle Lasten auf, hüllen sich selbst in seidene Gewänder, eilen zur Krippe und stellen sich gut mit ihrem Chef, von dem sie doch nur für Ochs und Esel gehalten werden.«

Endlich ist der Heilige Abend da. Mütter und Gabentische stehen kurz vor dem Zusammenbruch. Jetzt werden die Weihnachtskerzen entzündet. Aber man sollte stets daran denken, wenn die Kerzen nicht in uns leuchten, bleibt es am Heiligen Abend finster um uns. Nach dem Absingen des Liedgutes, das in den meisten Fällen nur wahrhaft gut wäre, wenn es ungesungen bliebe, haben wir dann die Bescherung nach dem Motto: Ich schenke, also bin ich. Dabei vergessen wir nur zu oft, dass Schenken die Kunst ist, einem Menschen etwas zu geben, was er sich und der Schenkende ihm nicht kaufen kann. Und vielleicht heißt schenken auch, einem anderen das geben, was man selber gerne behalten möchte. Denn nicht die Gabe ist kostbar, sondern immer nur die Liebe, die in ihr steckt. Zu manchem Geschenk, das man zu Weihnachten erhält, passt ohne Frage der Spruch: »Im Grunde ist nur das Unnütze wirklich von Dauer.« Denn wer unnütze und unpassende Sachen schenkt, schenkt damit dem Beschenkten meist auch die Freude eines oft langwierigen Umtauschens.

Bisweilen werden unterm Christbaum auch Reden gehalten, die durch ihre Länge den Mangel an Tiefe auszugleichen versuchen. Ein derartiger Redner erschöpft zwar nicht das Thema, aber rasch seine Zuhörer. Daraus folgt: Festreden, bei denen sich der Redner festredet, sind nicht der Rede wert. In solchen Situationen sollte man sich einfach an die alte Weisheit halten: Verstand bemerkt jeden Unsinn, Vernunft rät aber, manchen davon zu übersehen.

Weihnachten ist bekanntlich auch das Fest der Wiedersehensfreude. So sieht mancher ein Geschenk wieder, das er vor Jahren jemand ganz anderem zum Geburtstag verehrt hatte und das jetzt gemäß dem Kreislauf aller Dinge zum Ausgangspunkt zurückkehrt. Und vielleicht gefällt es einem nunmehr sogar besser als damals, als man es mit einem überschwänglichen Dankeschön auf der Fensterbank des Gästeklos seinen Ehrenplatz einnehmen ließ, bevor man es dann, wie gesagt, zum Geburtstag eines verehrten Mitmenschen an diesen loswurde, der es seinerseits an jenen weitergab, von dem man es nun als gelungene Weihnachtsüberraschung zurückerhält.

Natürlich gehört zu Weihnachten nicht nur der Friede, sondern immer wieder auch Unzufriedenheit mit dem, was man bekommen hat. Früher, ja, da waren die Leute – und dies nicht nur an Weihnachten – glücklich mit dem Wenigen, das sie hatten. Heute sind sie unglücklich wegen des Wenigen, das sie nicht haben. Aber sollten wir nicht anstatt zu klagen, dass wir nicht alles haben, was wir wollen, lieber dafür dankbar sein, das wir nicht alles bekommen, was wir verdienen?

Nun ist das Weihnachtsfest in vollem Gange – ja: -fest – und nur selten geht es locker dabei zu.

Weihnachten zählt auch zu den unbeweglichen Festen im Kirchenjahr. Kein Wunder! Es werden ja ständig Appetithappen serviert, wie man die kleinen Leckerbissen nennt, die man so lange in sich hineinstopft, bis einem der Appetit vergeht. Und manche glauben tatsächlich, eine ausgewogene Ernährung sei ein Stück Christstollen in jeder Hand. In allen Ecken der Wohnung lauern einem nie leer werdende Plätzchenteller auf, wobei ein Plätzchen gerade soviel Energie zu enthalten scheint, wie man braucht, um sich ein weiteres zu nehmen. Dazu passt ausgezeichnet ein Gläschen Wein – es ist schließlich »Weinachten«, das man in Amerika längst schon »Alkoholidays« nennt.

Während des Plätzchenaperitifs feiern in der Küche die Kochkünste Hochkonjunktur, jene ebenso angenehmen wie heimtückischen Aktionen, bei denen Muskelfleisch in Bauchspeck verwandelt wird. Wird am ersten Weihnachtsfeiertag dann der Festtagsbraten aufgetragen, denkt so mancher daran, dass Essen eine höchst ungerechte Sache ist. Jeder Bissen bleibt höchstens zwei Minuten im Mund, zwei Stunden im Magen, aber drei Monate an den Hüften. Doch was soll's! Aller Umfang ist eben schwer. Und an Weihnachten, dem Fest der inneren Sammlung, sammeln sich im Inneren vor allem Kalorien, ohne dass wir zunächst daran denken: Wie man sich füttert, so wiegt man. Mit einer Waage, die vier Kilo nachgeht, kann man deshalb einer jeden Frau eine große Weihnachtsüberraschung bereiten.

Obwohl Weihnachten ein Fest des Friedens ist, wird niemals so viel Zeit tot geschlagen wie gerade jetzt. Viele sitzen gedankenleer mit Völlegefühl am Ofen, blicken durch die mit Eisblumen bestickten Fensterscheiben und lauschen dem Fingerschnalzen des Kaminfeuers, ohne daran zu denken: An den wärmsten Plätzen sitzen auch jetzt die Unverfrorensten.

Die drei Festtage sind vorüber. Der kalenderfällige Freudenausbruch hat sich gelegt. Vom Bildschirm trieft kaum noch Schmalz. Dem Tannenbaum ist das Nadeln erlaubt. In der guten Stube ist die postfestale Beruhigungsphase angesagt. Reste jedweder Art werden entweder einer oft nicht ganz koscheren Endverwertung zugeführt oder den überquellenden Mülltonnen zu Füßen gelegt. Und mancher summt dann das Lied: Marmor, Stein und Eisen bricht, aber Omas Plätzchen nicht! Post festum geht dann ein hörbares Aufschnaufen durch die Lande. Denn die Weihnachtszeit war wie stets eine Phase angestrengtester Beschäftigung, die man erst zu genießen beginnt, wenn sie endlich vorbei ist.

Die lieben Kleinen

»Zumindest hat sich's bisher noch immer gelohnt«, hat der kleine Toni gesagt, wie ihn die Kindergärtnerin gefragt hat, ob er auch schön ans Christkind glaubt.

»Papa, kannst du mir erklärn, was Verlobung bedeutet?« will der kleine Hans wissen.
»Ja mei,« überlegt der Vater, »des is ungefähr so, wia wenn i dir z' Weihnachten a Fahrradl schenk, du aber erst Ostern damit fahrn derfst.« – »Aber dazwischen amoi klingeln, des derf ma scho, oder?« meint der Hansi.

»Warum kriegt man z' Weihnachten eigentlich Geschenke?«, fragt Kurt den Religionslehrer. »Na«, erklärt der, »weil Maria und Josef dem Jesuskind das Leben geschenkt haben und wir uns darüber freuen.« – »Ja, dann«, meint Kurt, »könnten Maria und Josef meinetwegen ruhig öfter a Kind kriang.«

»Ich glaub, das ist der Glühwein«, hat der Leo gesagt, wie der Lehrer die Kinder gefragt hat: »Wer kann mir die Weinsorte nennen, die am Fuße des Vesuv wächst?«

»In Erkorn«, hat der Franzi gesagt, wie ihn der Lehrer gefragt hat, wo das Jesulein geboren wurde. Und weil der Lehrer wissen wollte, wie er da drauf kommt, hat's ihm der Franzi genau erklärt: »Ja mei, Herr Lehrer, wir singen doch immer ›Uns ist ein Kindlein heut geborn von einer Jungfrau aus Erkorn!‹«

»Was wird dir das Christkindl heuer denn bringen?«, will der Onkel Max vom kleinen Ludwig wissen. »Nix«, schnieft der traurig, »weil 's Christkindl erkältet ist.« – »Na so was, des gibt's doch nicht«, widerspricht der Onkel. »Doch«, beharrt der Ludwig, »der Papa hat gestern zu mir gsagt: ›Des Jahr, da wird dir 's Christkindl was huastn.‹«

In der Schule fragt der kleine Moritz den Lehrer: »Wissen Sie, warum Vampire sich so auf Weihnachten freun?« Der Lehrer hat keine Ahnung. Darauf Moritz: »Weil s' dann immer ihr Bluatsverwandtschaft treffn.«

Das Christkind im Postamt

Wer glaubt, die Beamten bei der deutschen Post hätten kein Herz, den wird folgende Episode eines Besseren belehren. In der Adventszeit fiel in der Poststelle einer kleinen Gemeinde dem Postbeamten Gustav Zenker ein Brief auf, der an das Christkind adressiert war. Zenker zeigte den Brief seiner Kollegin und seinem Kollegen und da niemand von den dreien wusste, wem sie das Schreiben zustellen sollten, entschlossen sie sich, den Brief zu öffnen. Gustav Zenker begann zu lesen:

»Liebes Christkind! Ich bin neun Jahre alt und Vollwaise. Im Heim bekommen wir Kinder zwar Geschenke, aber nicht immer das, was wir wollen. Deshalb schreibe ich persönlich an Dich. Schon lange wünsche ich mir ein rotes Tagebuch mit Schloss zum Abschließen, einen hübschen Ring mit einem blauen Stein und eine Barbie-Puppe. Liebes Christkind, es wäre schön wenn Du mir diese Sachen zu Weihnachten bringst. Deine Susanne.«

Die drei waren sehr gerührt und sofort sammelten sie für das Waisenkind. Leider reichte das Geld nur für das Tagebuch und den Ring.

Hübsch verpackt sandten sie diese Gaben dann an Susanne.

Nach ein paar Tagen traf erneut ein Brief von Susanne ans Christkind ein. Sofort öffnete Gustav Zenker ihn und las den beiden Kollegen folgendes vor:

»Liebes Christkind! Vielen Dank für die schönen Geschenke! Ich habe mich sehr gefreut! Leider hat die Barbie-Puppe gefehlt, die haben bestimmt diese Gauner vom Postamt geklaut! Sende in Zukunft bitte Geschenke nie wieder per Post, sondern bringe sie mir persönlich.«

Der Christmensch

Es war Heiligabend. Der Christbaum erstrahlte in hellem Glanz der Kerzen. Soeben war Bescherung gewesen. Jeder hatte zumindest ein Geschenk bekommen, der Vater, die Mutter und die Großmutter. Den drei Kindern hatte das Christkind sogar mehrere Gaben gebracht. Alle waren zufrieden und fröhlich. Zwischendurch knabberte man an den Plätzchen, schlürfte ein heißes Getränk und lauschte der weihnachtlichen Festmusik.

Plötzlich war laut und deutlich eine Stimme zu hören: »Und wer beschenkt eigentlich mich?« Der Vater schaute erschreckt die Großmutter an, die Kinder blickten beunruhigt zur Mutter. Das Gespräch verstummte schlagartig. Nur das Weihnachtslied »Still, still, weil 's Kindlein schlafen will …« erklang leise aus den Lautsprechern des Plattenspielers.

»Ich habe gefragt, von wem eigentlich ich ein Geschenk bekomme«, war die unheimliche Stimme erneut zu hören. Vater blickte zum Christbaum. Von dort war sie gekommen. Ja, kein Zweifel, der Christbaum hatte gesprochen. Alle schauten jetzt auf ihn.

»Ja, seht nur her«, sagte der Tannenbaum, »ich habe mir erlaubt zu fragen, wer eigentlich mir heute ein Geschenk macht?« Die Familie war ratlos. Ein Tannenbaum will ein Geschenk? Das konnte doch wohl nicht wahr sein. Der Christbaum klärte sie auf: »Schließlich stehe ich die ganze Weihnachtszeit hier für euch herum, das ist doch wohl ein kleines Geschenk wert, oder nicht?« Nach einer Verlegenheitspause fragte schließlich der kleine Felix: »Ja schon, und was hast du dir denn gewünscht?« – »Nun«, sagte der Christbaum forsch, »nicht besonders viel. Ich möchte nur einen schön geschmückten Menschen für mich mit allem Drum und Dran haben.«

Die ganze Familie sperrte jetzt den Mund auf: Was wollte der Tannenbaum? Einen schön geschmückten Menschen? Als erste gewann die Großmutter ihre Fassung wieder. Sie sagte: »Ach, ich verstehe, was er will. So wie wir einen Tannenbaum als Christbaum schmücken, so will der Christbaum einen von uns geschmückt vor sich stehen haben, also gewissermaßen einen schön geschmückten Christmenschen.«

»Du hast es begriffen, Oma«, bestätigte der Baum die Erklärung der Großmutter. »Ich will einen schönen Weihnachtsmenschen mit Kerzen, Kugeln, Lametta und einem Stern auf dem Kopf.« Alle schwiegen betreten. »Na, meinetwegen«, sagte die Mutter schließlich hilflos. Sie sah den Vater an. »Was?« rief der. »Soll ich schon wieder der Dumme sein?« – »Nicht der Dumme«, sagte der Christbaum, »sondern mein Christmensch.«

Jetzt sahen alle erwartungsvoll und bittend auf den Vater. Nach einer halben Stunde stand der bereits schön geschmückt vor dem Christbaum. Er hatte einen grünen Pullover an und eine braune Cordhose. Auf seinen ausgestreckten Armen erstrahlten zwölf rote Kerzen. Auf dem Kopf glitzerte ein goldener Stern, den ein Gummiband hielt. Aus seinen Hosentaschen hing Goldlametta, und von seiner Nase, ebenso von seinen beiden Ohren baumelten eine rote und zwei blaue Kugeln. So stand der Vater zwei volle Stunden zwischen seinen Angehörigen, umklungen von zarten Weihnachtsgesängen. Die Großmutter seufzte lächelnd: »Also das hätte ich mir in meinem Alter nicht mehr träumen lassen. Dass ich das noch erleben darf.« Und der Christbaum sagte zwischendurch Sätze wie: »Ist er nicht herrlich, mein Christmensch?« Oder: »Er ist wirklich geschmackvoll geschmückt und so schön grad gewachsen. Bloß oben die Haare sind schon etwas licht. Er wird doch nicht schon nadeln? Aber diesen Fehler verdeckt zum Glück der schöne Stern.«

Und plötzlich sang der Christbaum das altbekannte Lied:

»O Christenmensch, o Christenmensch,
wie schön sind deine Arme,
die streckst du weg zur Weihnachtszeit,
das strengt dich an, du tust mir leid,
so dass ich mich erbarme.

O Christenmensch, o Christenmensch,
senk deine Arme wieder,
du bist kein Tannenbaum wie ich,
drum ruh dich aus, ich bitte dich,
und leg dich etwas nieder.«

Das ließ sich Vater nicht zweimal vorsingen. Als die Kerzen gelöscht waren, fiel er samt dem Stern erschöpft ins Bett. In der Nacht schreckte er mehrmals mit einem Schrei aus dem Schlaf. »Christmensch«, rief er, »ich bin der schönste Christmensch weit und breit!« Und niemand widersprach ihm.

Der Christbaum ist der schönste Baum!

»Bets fei zum Schutzengel«, ermahnt die Frau Hieber ihren Mann und die zwei Buben, »dass eich net beim Christbaumstehln dawischn.«

»Wenn auf'm Christbaum zwölf Wachskerzen brenna«, fragt der Lehrer, »und fünfe davon werdn ausglöscht, wie viele bleiben na übrig?« – »Fünfe«, sagt der Heinzi, »weil die andern siebene brenna ja runter.«

Georg soll im Supermarkt Lametta für den Christbaum einkaufen. Im Laden aber fällt im das Wort nicht mehr ein. In seiner Not zeigt er auf eine Dose Sauerkraut. »Bittschön von dem da was, aber verchromt muass sein.«

»Warum«, so fragt die Sophie, »heißn die Kerzen am Christbaum jetzt eigentlich Wachskerzn, wo s' doch oiwei kloaner werdn?«

»Der Unterschied«, hat die Kinderschwester gesagt, »der Unterschied zwischen am Christbaum und am Baby is net recht groß. Den Christbaum putzt man vor der Bescherung, as Baby danach.«

Eine schöne Bescherung

Den ganzen Heiligen Abend über flackerten am Christbaum die Kerzen und verbreiteten ein mildes Licht in dem abgedunkelten Raum. Die silbernen, goldenen, roten und blauen Kugeln glitzerten geheimnisvoll, die Lamettafäden erinnerten an goldenes Engelshaar, die prunkvolle Christbaumspitze funkelte märchenhaft schön und alle Mitglieder der Familie blickten immer wieder auf den prächtigen Baum. Die Bescherung war längst vorüber, der festliche Abend neigte sich dem Ende zu.

Schließlich sagte der Vater: »So, nun wird's langsam Zeit. Ich glaube, wir löschen jetzt die Kerzen am Baum.« – »Darf ich das machen?«, rief Sabine. »Nein, ich«, fiel ihr Franz ins Wort. »Ich möchte auch«, meldete sich Rosi. Bevor Vater es verhindern konnte, griff sich jedes Kind blitzschnell einen Stuhl, einen Fußschemel oder einen Hocker, was gerade in der Nähe stand, und stürzte damit zum Baum. »Halt«, rief der Vater entsetzt, »seid doch nicht so wild!« Doch die drei drängelten sich bereits um den Baum, kletterten auf den Stuhl, den Schemel, den Hocker, drückten sich gegenseitig mit den Ellbogen zur Seite, reckten ihre Hälse wie wild gewordene Gänse und versuchten die Kerzenflammen auszublasen.

»Seid ihr verrückt geworden?«, brüllte Vater und packte Franz an der Schulter. Der versuchte sich loszureißen, Sabine drängte Rosi zur Seite, deren Stuhl wankte, sie klammerte sich an Franz, der in den Baum rutschte. Vater fiel über den Fußschemel. Der Baum neigte sich zur Seite, Sabine suchte ihn noch zu halten, doch zu spät. Der Christbaumständer hüpfte vom Tischchen, auf dem er stand, der Baum kippte, die Kinder purzelten zu Boden, auf sie fielen Vater, Kugeln, Lametta und die Christbaumspitze. Es knackte, klirrte, rumpelte dumpf, die Kerzen erloschen, zum Glück. Dann trat unheimliche Stille ein.

Mutter flüsterte: »Da haben wir die Bescherung.« Opa brummte: »Frohe Weihnachten!« und Oma japste: »Der schöne Baum, das ist doch die Höhe!« Am Boden die Kinder hatte eine Schreckstarre befallen.

Plötzlich schnellte Vater hoch, stürzte aus dem Zimmer, erschien im nächsten Augenblick wieder mit dem Fotoapparat in der Hand, drückte blitzschnell auf den Auslöser und knipste mehrmals die verblüfften Kinder im Baum am Boden zwischen dem kunterbunten Scherbenhaufen. Dann ließ er sich in den Sessel fallen und brach in schallendes Gelächter aus, in das nach und nach alle einzustimmen wagten. Nur der Baum blieb stumm.

Im nächsten Jahr schickte Vater anstelle der üblichen Weihnachtskarten je einen Abzug des Sensationsfotos an Freunde, Verwandte und Bekannte. Bildunterschrift: »Wir wünschen Euch eine schöne Bescherung!« Die Reaktionen darauf waren lebhaft. Keiner der damit Bedachten konnte sich erklären, mit welchem geschickten Trick Vater dieses Foto zustande gebracht hatte, das wie ein Schnappschuss wirkte. Aber weder Eltern, Großeltern noch Kinder verrieten jemals das Geheimnis.

Weihnachtsgans und
Karpfen blau

»Wenn's an Gänsekalender gabat«, sagt der Geflügelzüchter nachdenklich, »na waar Weihnachten a Heldengedenktag.«

»Sie, Frau«, sagt die Marktverkäuferin zur Kundin, die ihre Weihnachtsgänse von allen Seiten kritisch anschaut, »wenn Ihr Mann aa so wählerisch gwesn waar, waarn Sie heit no ledig.«

»Es ist doch sehr fraglich«, räsoniert der Mesner, »ob d' Gänse, d' Karpfen und d' Truthähn 's Weihnachtsfest als Erlösung betrachten.«

»Nein, wir sind eigentlich immer nüchtern dabei«, hat der Herr Grinzinger zu seinem Nachbarn gesagt, als der ihn gefragt hat, ob er und seine Frau am Heiligen Abend auch Karpfen blau essen.

»Wie schmeckt dir denn die Weihnachtsgans?«, fragt die Frau ihren Mann. »Sie muss großes Heimweh gehabt haben.« – »Wieso denn das?« – »Sie ist voller Sehnen.«

Zehn wertvolle Kalorien-regeln für die Weihnachtszeit

1. Bei der Zubereitung von Mahlzeiten darfst du soviel kosten wie du willst, da sich die Kalorien infolge deines fortwährenden Agierens nur unzureichend entfalten können.
2. Wenn du bei jedem Bissen, den du zu dir nimmst, sprichst, verbrennt der beim Reden benötigte Kraftaufwand sämtliche Kalorien des aufgenommenen Bissens total.
3. Speisen mit derselben Farbe, wie etwa Tomaten und Erdbeertorte, Spargel und weiße Schokolade, enthalten stets gleich geringe Kalorienwerte.
4. Denk beim Essen nie an Kalorien, denn dann können sie dir auch nichts anhaben gemäß den alten Weisheiten: »Was ich nicht weiß, macht mich nicht heiß« oder »Denk ich nicht daran, so tut es mir auch nichts an.«
5. Wenn du große Mengen Nahrung zu dir nimmst, gelingt es dem Magen nicht, alle Kalorien herauszulösen, sodass der größte Teil davon deinen Körper wieder ratlos verlässt.
6. Nimmst du zusammen mit einer Tafel Schokolade ein Light-Getränk zu dir, ver-light-et das Getränk der Schokolade die Freude an den Kalorien.

7. Teilst du das Essen mit einem anderen Menschen, halbieren sich die Kalorien nach dem Motto: »Geteiltes Leid ist halbes Leid«, und du kannst deshalb essen, soviel du willst.

8. Speisen, die du beim Fernsehen verzehrst, wie Erdnüsse, Schokolade oder Chips, sind als Bestandteil der seichten Unterhaltung ebenso seicht, das heißt also kalorienarm.

9. Nimm Nahrungsmittel wie Torten und Kuchen nur in kleinen Stücken zu dir, denn dann zerstückelst du auch die darin enthaltenen Kalorien bis ins nicht mehr Wahrnehmbare, sodass sie dir nicht schaden können.

10. In eingefrorenen Speisen sind Kalorien stets wirkungslos, da Kalorien bekanntlich eine Wärmeeinheit sind.

Zwischen den Jahren

»Mich bringen die besinnlichen Tage zwischen Weihnachten und Neujahr«, sagt der Hupfer Toni, »immer um die Besinnung.«

»'s war net schlecht«, hat der Gast am zweiten Weihnachtsfeiertag zum Wirt gesagt, »bloß d' Suppn hätt so warm sei müassn wia der Rotwein, der Rotwein so alt wia d' Weihnachtsgans und die Gans so fett wia dei Bedienung.«

»Na, Herr Zeitler«, erkundigt sich der Chef nach Weihnachten, »hat Ihnen das Christkind zu Weihnachten auch was Schönes beschert?« – »Danke, ich bin zufrieden«, entgegnet Zeitler, »mein Freund hat mir ein Buch zurückgebracht, das er sich vor langer Zeit geborgt hat, mein silbernes Taschenmesser hab ich überraschenderweise in einer alten Hose gefunden, und meine Tante ist krank geworden und hat uns nicht besucht.«

»Ja, Schlittenfahren«, hat der Herbert gemeint, wie er gefragt worden ist, ob er auch einen Sport betreibt. »Weil Schlittenfahren macht halt Spaß, besonders dann, wenn man's mit anderen tut.«

Der Huber Xari hat seiner Freundin zu Weihnachten ein Handy geschenkt und versucht drei Tage später, sie beim Einkaufen zu erreichen. Es klappt. »Schatzi«, ruft sie erstaunt ins Handy, »woher weißt du, dass ich gerade im Supermarkt bin?«

Onkel Karl hat dem Sohn seines Bruders zu Weihnachten eine Trompete mit einer Karte geschickt: »Für den kleinen Erich mit herzlichen Grüßen von Onkel Karl.« Am zweiten Feiertag gegen sieben Uhr morgens klingelte es bei Onkel Karl und vor der Tür steht der kleine Erich mit Koffer und Trompete und einem Schild um den Hals, auf dem steht: »Für den großen Onkel Karl mit herzlichen Grüßen von den Erich-Eltern.«

»Christbaum billig zu verkaufen«, hat der Herr Gruber ein Inserat in die Zeitung setzen lassen. »Nur dreimal daran gesungen.«

Mit Feuerwerk ins neue Jahr!

»Jeder gute Vorsatz«, hat der Hubert gesagt, wie er an Silvester nach seinen Vorsätzen fürs kommende Jahr gefragt worden ist, »jeder gute Vorsatz ist meistens nur ein Startschuss, dem kein Rennen folgt.«

»Leit«, hat der eine auf der Silvesterparty gerufen, wie es Mitternacht geschlagen hat, »'s neue Jahr wird scheints a guats Jahr – zumindest hat's pünktlich auf d' Minutn angfangt!«

»Die Raketen funktionieren ja überhaupt nicht«, beklagt sich Susi in der Silvesternacht bei ihrem Bruder, worauf der meint: »Das versteh ich jetzt aber nicht, wo ich sie doch alle heute Nachmittag extra ausprobiert hab.«

»Aber ich hab doch nur Tee getrunken«, sagt der Autofahrer, der bei einer Polizeikontrolle im neuen Jahr ins Röhrchen blasen muss. »Ja, dann«, meint der Polizist, »dann haben Sie mindestens 1,8 Kamille.«

Die Heiligen Drei Könige

Zur Krippe mit dem Jesuskind kommen die drei Könige. Sie wundern sich, weil Maria traurig in der Ecke sitzt. »Was hat sie denn?« erkundigt sich Melchior. »Ach nichts«, winkt Josef ab. »Sie hätt halt nur so gern ein Madl ghabt.«

Als die Heiligen Drei Könige den Stall in Bethlehem betreten, ruft Balthasar beim Anblick des Kindes begeistert aus: »Jesus Christus!« Da springt Josef aufgeregt in die Höhe und sagt zu Maria: »Siehst du, das ist ein Name für ihn – und nicht Hugo!«

»Die Heiligen Drei Könige«, hat der Schorschi in seinem Schulaufsatz geschrieben, »die Heiligen Drei Könige schenkten dem Kindlein Gold, Weihrauch und Möhren.«

»Ich sag immer, es ist gar nicht schlecht, wenn die jungen Kinder zum Sternsinga gehn«, hat der alte Gschwendtner gemeint, »denn so a Grundausbildung im Betteln kann nia schadn.«